Pour éclairer ... à ...

Stephanie Félicité DUCREST   Marquise de SILLERY
ci-devant Csse de Genlis   Gouvernante des Enfans
de S. A. S. Monsgr.   Le Duc d'Orleans.

Vertus, graces, talens, esprit juste   C'est le charme des yeux, de
enchanteur,   l'oreille, du cœur,
Elle a tout ce qu'il faut pour embelir   Et le desespoir de l'envie.
la vie.   Par Mr de Sauvigny.

Her pinx   Copia sculp

DISCOURS

SUR L'ÉDUCATION

DE M. LE DAUPHIN

ET SUR L'ADOPTION;

PAR Mme DE BRULART,

*Ci-devant Mme DE SILLERY,
Gouvernante des enfans de la Maison
D'ORLÉANS.*

A PARIS,

Chez { ONFROY, Libraire, rue S. Victor.
NÉE DE LA ROCHELLE, Libraire,
rue du Hurepoix, n°. 13.

1790.

(3)

DISCOURS

Dans lequel on prouve qu'une Nation libre a le droit de surveiller l'éducation du Prince qui doit la gouverner ; qu'elle en doit connoître tous les détails ; que les moyens de lui donner journellement cette connoissance, sont simples & d'une facile exécution ; & que, sans cette condition équitable & nécessaire, toute législation contraire au despotisme sera privée de la seule base qui puisse la rendre inébranlable.

Avant de développer une idée absolument neuve, & qui par conséquent pourroit, au premier coup-d'œil, paroître extraordinaire, & même impraticable dans ſon application, on doit prévenir d'abord qu'on ne propoſera rien qui n'ait été fait, & dont on ne puiſſe produire toutes les preuves; ainſi, les objections fondées ſur la prétendue difficulté que l'on croiroit apercevoir dans l'exécution du projet, ſeront nulles. L'expérience & des faits poſitifs rigoureuſement prouvés ſont au deſſus de tous les raiſonnemens.

Maintenant on va commencer par établir en peu de mots les principes qui forment la baſe de ce diſcours, enſuite on entrera dans le détail du projet qui donneroit à la Nation le plus beau, le plus juſte de tous les droits, en la rendant *témoin*, *guide*, & *juge* de l'éducation du prince né pour faire ſa félicité ou ſon malheur, ſuivant les préceptes, les impreſſions, & les conſeils qu'il recevra dans ſon enfance & dans ſa premiere jeuneſſe.

Les divers Auteurs qui ont écrit ſur

l'éducation, en nous offrant des fyf-
têmes différens, s'accordent tous fur un
feul point, admettent tous une condition néceffaire, l'entier dévouement de
l'Inftituteur. Il eft des vérités fi frappantes, que les efprits & les caracteres
les plus oppofés fe réuniffent fans ef-
fort pour les reconnoître. En effet,
lorfqu'on s'eft chargé de l'emploi de
développer & de perfectionner les fa-
cultés morales d'un être capable d'acquérir, s'il eft bien dirigé, une fi prodigieufe étendue de connoiffances; lorfqu'on entreprend de former pour la
vertu un cœur fufceptible d'éprouver
les paffions les plus dangereufes ; lorfqu'on doit foumettre un efprit né pour
l'indépendance, ployer, s'afservir un
caractere que l'on veut réformer, fans
détruire fon élévation & fon éner-
gie ; qu'éternellement placé parmi des
écueils, on doit craindre toujours de
faire trop ou de ne pas faire affez ; d'ar-
racher le germe d'une vertu en voulant

déraciner un vice, ou de gâter par l'excès même une qualité supérieure, en l'exaltant imprudemment; qu'il faut sans cesse observer, méditer, réfléchir, étudier la nature, savoir à propos la suivre, la seconder, ou la combattre & la vaincre ; lorsqu'on est obligé sur-tout de commander par l'exemple, d'obtenir, par le sentiment, des sacrifices pénibles & continuellement répétés, & qu'enfin (ce qui sans doute ne paroîtra pas le moins difficile) il faut gouverner *despotiquement* & faire chérir son empire : peut-on remplir une telle tâche, de tels devoirs en s'occupant d'une autre affaire, d'une autre idée....? Quelle pensée étrangere pourroit s'allier à cette réflexion terrible, que dans l'éducation la plus heureusement commencée, un relâchement de vigilance & d'activité, quelques instans de négligence ont ravi souvent à l'Instituteur le plus habile, le fruit précieux de plusieurs années de travaux !

Toute éducation exige ces foins conftans, ces facrifices abfolus de toute autre occupation. Quels feront donc les devoirs du Gouverneur d'un Prince fait pour régner.....? Chargé du plus grand de tous les intérêts, en acceptant un tel emploi, il doit s'y confacrer fans réferve. Ce n'eft pas affez pour lui de renoncer à la diffipation, aux plaifirs, aux affaires, de ne conferver qu'une feule ambition, celle de former un bon Roi; il faut encore qu'il fe prive de toutes les douceurs de la fociété ; qu'il rompe l'intimité des liaifons les plus cheres. Arraché à fa famille, à fes amis, il n'y a plus pour lui que deux objets, la Patrie & fon Eleve. Il leur doit tous les momens de fa vie, toutes fes penfées ; & ce n'eft certainement qu'à ce prix qu'il peut obtenir un fuccès éclatant & réel. Je fais qu'on n'a jamais vu d'exemple d'un dévouement femblable ; auffi n'a t-on jamais vu un fils de Roi parfaitement bien élevé. Ce n'eft pas qu'il n'y ait eu dans tous lés temps des hommes capables d'occuper dignement cette importante place ; mais c'est que la place, telle qu'elle a été jufqu'ici, ne pouvoit convenir à de tels hommes, & qu'il est impoffible qu'un Gouverneur véritablement vertueux & pénétré de fes devoirs, s'y puiffe maintenir. Le modele de tous les Inftituteurs, celui qu'on ne furpaffera jamais, qu'on n'a point encore égalé, Fénélon lui-même ne recueillit pour tout fruit de fes talens, de fes travaux, de fa vertu fublime, que la haine des Courtifans & la difgrace de fon Souverain.

Sans le motif particulier d'un attachement fans bornes, ou l'amour paffionné de la gloire, le Gouverneur d'un Prince ne remplira jamais des devoirs fi aufteres & fi rigoureux. L'amitié véritable eft fans doute une paffion, & par conféquent un fentiment exclufif ; l'ufage fait dire, *j'ai des amis ;* mais le cœur

(9)

prononce, *je n'ai qu'un ami*. Toute paſſion , quelque noble, quelque pure qu'elle puiſſe être, entraîne toujours un certain degré d'aveuglement; ainſi , en ſuppoſant qu'un Roi eût un ami intime, & qu'il lui confiât l'éducation de ſon fils, ce choix pourroit bien encore n'être pas celui de la prudence & de la raiſon; & en admettant que cet ami du Souverain eût en partage des vertus éminentes & des talens ſupérieurs, on conviendra du moins qu'une telle réunion ſera dans tous les temps exceſſivement rare.

Il n'y a donc en général qu'un ſeul mobile pour l'Inſtituteur , l'amour de la gloire : mais ſi ſon Éleve n'a reçu de la nature qu'un eſprit ordinaire & une ame commune, n'a-t-on pas à craindre le découragement du gouverneur? L'eſpoir des grands ſuccès peut ſeul exciter les grands efforts. Cependant l'enfant le plus médiocre, s'il n'a point de vices d'organiſation, & ſi ſon cœur n'eſt pas

mauvais, peut, avec une éducation parfaite, acquérir des principes & des
vertus solides, des idées justes, une
instruction étendue; & s'il est né pour
régner, devenir par conséquent un très-
grand Prince, un excellent Roi. Mais
supposons encore que l'Instituteur ait
assez d'expérience, & connoisse assez
les enfans pour savoir quel étonnant
parti une infatigable activité & des
soins sans relâche peuvent tirer du plus
médiocre, & que, frappé de ces réflexions, il se dévoue sans réserve à
ses devoirs; alors, comme je l'ai dit, ne
vivant plus que pour son Eleve, lui
consacrant & ses talens, & ses veilles,
& toutes les heures de ses journées, il
rompra sans retour avec le monde, avec
la société : qu'en résultera-t-il ? Sans
doute il sera chéri & révéré par son
Eleve : car le charme le plus intéressant
de l'enfance & de la première jeunesse,
est cet instinct délicat & sûr, qui, sans
le secours de la réflexion, donne à cet

âge heureux un fentiment d'équité fi
prompt & fi extraordinaire dans fes jugemens & dans le choix de fes affections. Interrogez un enfant fur les gens
qui l'entourent; & s'il vous dit ce qu'il
penfe, vous pouvez mefurer votre eftime fur celle qu'il acoorde ; vous ne
vous tromperez point. Un Gouverneur
actif, vigilant, rempli de zele, s'il joint
à ces qualités de la douceur, de la fen-
fibilité, gagnera certainement le cœur
de fon Eleve ; il obtiendra l'eftime de
ceux qui feront fous fes ordres ; mais
quelle que puiffe être la juftice & même
la générofité de fes procédés à leur
égard, il eft impoffible qu'il en foit
aimé. C'eft le Gouverneur qui recueille
toute la gloire de l'éducation, parce
que c'eft lui qui dirige, qui conduit
tout ; quel autre pourroit donc attacher
au fuccès un intérêt égal au fien ? On
fuit avec ardeur le plan qu'on a tracé
foi-même ; mais on n'a le droit d'exiger
de ceux qui nous fecondent que de

l'exactitude, & non ce zele actif & dévorant que l'inventeur & le chef peut seul éprouver. Ce n'eſt que dans l'heureux loiſir d'une vie libre & tranquille qu'on acquiert des amis : c'eſt par la communication des penſées & des ſentimens que les cœurs s'apprécient, ſe rapprochent & s'attachent. Les grands procédés, les actions d'éclat n'inſpirent que la reconnoiſſance ; les ſecrets importans ne prouvent que de l'eſtime : il faut à l'amitié moins de faſte & plus de jouiſſances. Elle eſt dans tous les temps le charme de la vie, elle a le droit d'en occuper tous les momens ; on la fortifie par l'habitude ; on ne la nourrit que par des ſoins, & ſur-tout en s'oubliant avec elle dans ces longs entretiens qu'elle fait rendre ſi doux. Un homme conſacré à un emploi qui ne lui laiſſe jamais un ſeul inſtant de liberté, n'a plus la poſſibilité de cultiver ſes anciens amis, & peut encore moins s'en attacher de nouveaux. Un Gouverneur tel que je le fuppofe, ne fauroit devenir l'ami des Inftituteurs qui feront fous fes ordres, parce qu'entierement dévoué à fon Eleve, il ne peut vivre en fociété avec eux; parce qu'il exige une exactitude, une ponctualité, une fubordination qui blefferoient l'amitié. Il n'y a rien de moins aimable qu'un homme dont l'autorité fans ceffe en action fe fait fentir dans tous les momens du jour; qui n'eft occupé que d'une feule idée, d'un feul objet; qui voudroit que tout ce qui l'entoure en fût poffédé comme lui; qui ne dit une chofe nouvelle que pour donner un nouvel ordre; qui ne queftionne que pour favoir fi ce qu'il a prefcrit a été littéralement exécuté; qui ne paroît que pour furveiller; qui ne parle que pour commander; & qui ne profite de quelques inftans de loifir que pour s'enfermer dans fon cabinet. Toutes les formes & tous les égards de la politeffe la plus recherchée ne fauroient embellir un tel perfonnage; &

c'eſt cependant ce que doit être l'Inſtituteur que nous ſuppoſons parfait. Quelque mérite, quelque eſprit de juſtice
que puiſſent avoir ceux qui ſeront ſous
ſes ordres, ils ne pourront s'empêcher
de le trouver *auſtere, impérieux;* ils l'ac-
cuſeront même de pouſſer la vigilance
juſqu'à un *excés puéril.* Ils n'ont pas dû
réfléchir comme lui à l'extrême importance des petites choſes dans tout ce
qui eſt relatif à l'éducation. Ils ſe plain-
dront de ſon *inſociabilité,* ils l'attribue-
ront à une hauteur *dédaigneuſe;* ils ren-
dront juſtice au fond de ſa conduite;
mais les éloges de la ſeule eſtime, toujours froids & laconiques, ſont à peine
écoutés, tandis que le mécontentement
& l'humeur fourniſſent des traits & des
détails qui piquent la curioſité, fixent
l'attention, & laiſſent des impreſſions
profondes. Ainſi, les murmures de ceux
qui l'entourent, donneront à ce Gouverneur la réputation d'un homme *dur,*
opiniâtre, ſauvage, & *rempli d'orgueil.*

(15)

Qui le défendra....? Ses amis....?
il s'eſt éloigné d'eux ; ſa famille....?
on ne la croira pas. Quand un homme
en place n'a pas une maiſon ouverte,
du moins à de certaines heures ; quand
il ne ſe mêle d'aucune affaire étrangere
à ſon emploi : non ſeulement il n'a ni
défenſeurs ni partiſans ; mais tout le
monde eſt contre lui : on le hait, on
le déchire, on le calomnie, on lui fait
des crimes des choſes mêmes qu'on devroit le plus admirer dans ſa conduite.
Croit-on qu'un tel Gouverneur pût ſe
maintenir à la Cour....? Un Gouverneur ſans faſte & ſans *repréſentation*...!
un Gouverneur qui auroit la *pédanterie*
de conſacrer ſes veilles à l'étude, au
lieu de ſe livrer le ſoir à la ſociété,
quand le jeune Prince ſeroit retiré...!
un Gouverneur qui auroit la *prétention*
d'inſtruire lui-même ſon Eleve, & *aſſez
peu de dignité* pour lui donner des leçons *comme un ſimple maître* ! Quel
homme bizarre & déplacé au milieu

d'une Cour.... ! Je ne lui vois qu'un
feul appui ; mais qui feroit plus honorable qu'utile dans une femblable pofition. Une voix puiffante & fouveraine,
puifqu'elle détermine & fixe l'opinion
publique, la voix du peuple feroit pour
lui. Les jugemens de la Cour & de ce
qu'on appelle *le grand monde*, ne feront
jamais portés au delà des barrieres du
Louvre & de la Capitale ; ils ne font
du bruit que dans un cercle étroit,
dans une feule claffe, qui même ne les
refpecte que pendant un efpace de temps
très-limité, parce qu'ils ne font dictés
que par de frivoles intérêts & de petites
paffions. Ce Gouverneur jouiroit fans
doute de l'eftime publique, qui fera
toujours la récompenfe du mérite ; mais
comme le public ne pourra connoître
les détails qui rendent fa conduite véritablement digne de toute la reconnoiffance des bons citoyens, il n'aura
pas pour lui cette eftime motivée, profonde, & réfléchie, dont l'éclat & l'au-

torité

torité pourroient feuls le maintenir dans
fa place. Si cet Inftituteur n'eft pas ren-
voyé, comment réfiftera-t-il à tant de
dégoûts, de contrariétés intérieures, &
comment achevera-t-il une entreprife
qui impofe des facrifices fi pénibles, &
qui affujettit à un genre de vie fi auf-
tere? Si fon Eleve n'a qu'une ame commune, quel attrait, quelle efpérance
pourra le décider à confacrer fa vie à
des travaux obfcurs, fi rigoureux &
mêlés de tant d'amertume? La gloire
de former un bon Roi (car nous avons
admis qu'un enfant très-ordinaire peut,
avec une éducation parfaite, devenir
un excellent Prince)? Mais il eft poffible que ce Prince ne monte jamais fur
le trône, ou qu'il y parvienne avant
que fon éducation foit finie. Dans le
premier cas, la Patrie ne connoîtra jamais le prix des foins de l'Inftituteur;
dans le fecond, l'Inftituteur perdra
vraifemblablement en quelques mois le
fruit de plufieurs années de travaux.

B

Quelles penſées décourageantes! Mais
pour achever d'épuiſer les ſuppoſitions,
finiſſons par celle qui paroît la plus
heureuſe : donnons pour Eleve à notre
Inſtituteur un Prince doué d'une ame
élevée , d'un eſprit ſupérieur , d'un
courage intrépide, d'un génie extraordinaire : n'eſt-il pas à craindre que le
Gouverneur, ébloui du parti brillant,
impoſant, mais pernicieux qu'on peut
tirer d'un tel Eleve, n'en faſſe un con-
quérant, un deſpote..... ſur-tout dans
le moment où l'on vient de former une
conſtitution nouvelle ; dans un moment
où, en remontant à une époque ſi peu
éloignée, on voit les Rois revêtus d'une
puiſſance illimitée. Le Gouverneur ne
donnera-t-il pas à ſon Eleve le déſir de
ſe reſſaiſir de cette autorité, ſous le
prétexte ſi vain , mais toujours ſédui-
ſant aux yeux de l'ambition, qu'entre
des mains habiles & généreuſes, le peuple en feroit plus heureux? Que dis-je?
il ne ſuffit pas que l'Inſtituteur ſe faſſe

un scrupule d'infpirer cette idée , il
faut qu'il la combatte , qu'il en triomphe , qu'il la déracine. Qui nous affurera qu'il le veuille en effet & qu'il y
travaille fans relâche....? Quoi ! tandis
que la Nation jouit avec fécurité de la
liberté qu'elle doit fur-tout à la bonté
paternelle & à la grandeur d'ame du
Roi ; tandis qu'elle bénit fon vertueux
Monarque & les fages Légiflateurs qui
l'ont rétabli dans fes droits; l'ambition
ou la négligence d'un feul homme peuvent détruire fon bonheur , & finon la
replonger dans l'efclavage , du moins la
mettre dans la cruelle néceffité d'oppofer une ferme réfiftance aux volontés
injuftes d'un Souverain abfolu ! Et pour
préparer de tels événemens , cet Inftituteur , cet homme n'a befoin ni de fe
former un parti , ni de corrompre des
foldats , ni de tous ces moyens éclatans
qu'on ne fauroit employer fans éveiller
les foupçons , fans infpirer la défiance:
il n'a befoin que de féduire un enfant,

ou feulement de flatter fes inclinations naiffantes ; & dans ce danger preffant, infaillible, on s'obftineroit à fuivre une vieille routine, auffi méprifable qu'elle eft vicieufe !

Dans une fituation à peu près femblable à la nôtre, la Suede, en 1746, crut, avec raifon, qu'elle ne pouvoit affermir fa liberté qu'en s'occupant des moyens de donner au Prince royal & aux autres Princes héréditaires une excellente éducation. L'idée étoit jufte, mais les moyens furent mal choifis. Les Etats s'arrogerent le droit de nommer les Inftituteurs, & tracerent eux-mêmes le plan d'éducation ; c'étoit fans néceffité ufurper des droits facrés, & avilir à la fois la majefté royale & la dignité paternelle. Que doit penfer un jeune Prince qui fait que les Repréfentans de la Nation ont folennellement dépouillé fon pere d'une autorité fi légitime & fi fainte, que le tyran le plus

impérieux n'oferoit la ravir publiquement au dernier de fes fujets ? Si ce
jeune Prince n'eft pas profondément ré-
volté d'une telle injuftice, il faut plain-
dre d'avance les peuples qui feront
gouvernés par lui. S'il n'a pas la plus
tendre vénération pour les auteurs de
fes jours, fi l'on altere dans leur fource
ces fentimens fi naturels, il n'aura jamais les vertus douces & paifibles qui
forment les bons Rois. Le premier
devoir de tout Inftituteur eft de travail-
ler fans ceffe à fortifier dans le cœur
de fon Eleve l'amour qu'il doit à fes
parens; mais ce foin (fans être plus
facré) n'eft - il pas plus néceffaire encore dans l'Inftituteur d'un Prince fait
pour régner ? Si ce Prince, loin d'être
pénétré des plus tendres fentimens de
la nature, méprife fon pere ; (& comment ne le mépriferoit-il pas, s'il croit
qu'il a été juftement dépouillé du droit
d'élever fes enfans ?) fi ce Prince enfin
joint à de telles idées de l'audace & de

l'ambition. . . . . Ouvrez l'Histoire, vous la trouverez remplie des horribles réfultats de ce premier germe de corruption.

C'eft donc en vain que les Etats de Suede ont prétendu fe juftifier en difant : « Pourquoi les Etats ont-ils preferit » des bornes aux droits de la nature ? » & pourquoi fe font-ils attribué le foin » principal de l'éducation ? 1°. Parce » que tous les Rois, abandonnés à leur » propres inclinations, cherchent tou- » jours à étendre les limites de leur » pouvoir; que c'eft en cela même qu'ils » font confifter la grandeur & la majefté » royale, & que par conféquent leur » intérêt eft toujours oppofé à celui de » la nation. 2°. Parce que l'amour que » la nature infpire aux peres & aux me- » res pour leurs enfans, les engagent à » leur procurer tout ce qu'ils envifagent » comme un bonheur, & tout ce qu'ils » recherchent eux - mêmes. Par cette

(23)

» raifon, une éducation qui dépendroit
» de leur approbation, feroit toujours
» contraire au but que la nation s'eft
» propofé en fe donnant un chef foumis
» aux lois, & non pas régnant felon fon
» bon plaifir, ou felon le génie d'une
» cour corrompue par la flatterie (1) ».

On voit à quel point cette prétendue juftification eft injurieufe pour le
Monarque qu'on y traite avec fi peu de
ménagement. Au refte, on doit convenir qu'en général le plan d'éducation
donné par les Etats étoit bon en lui-
même, & je ne crois pas inutile d'en
citer ici les articles qui m'ont paru les
plus intéreffans.

« Un Roi d'un peuple libre ne s'eft
» jamais avili en fe mettant au niveau de

____

(1) Voyez l'Ouvrage intitulé, *Actes de ce qui s'eft
paffé de plus remarquable à la Diete de Suede des
années 1755 & 1756, tirés des regiftres de cette
Diete & traduits du Suédois.*

B 4

» ſes Sujets, & en évitant de les éloi-
» gner, pour ainſi dire, de ſa perſonne
» par des repréſentations vaines & jour-
» nalieres. C'eſt une crainte mal fondée
» de croire qu'un jeune Prince ne pour-
» roit jamais ſigurer avec dignité en
» qualité de Roi, s'il n'y étoit élevé
» de bonne heure ».

  « Il faut que les Princes ſoient entre-
» tenus médiocrement en habits & en
» nourriture, afin que leur propre éco-
» nomie ſerve d'exemple aux ſujets ;
» qu'ils faſſent ſouvent des voyages à la
» campagne (1); qu'ils entrent dans les

----

(1) Telle fut l'éaucation du Prince de Béarn : éleve
dans le château de Coaraſſe, au milieu des rochers &
des montagnes, ſa Gouvernante, la Baronne de Mioſ-
ſens, *l'habilla groſſierement, le nourrit, comme les
autres enfans du pays, avec du pain bis, du bœuf,
& du fromage. Elle l'accoutumoit à marcher pieds
nus, à s'expoſer nu-tête au ſoleil, à la pluie,
à gravir les rochers, à s'exercer à la courſe, &c.
Elle défendit qu'on le traitât de Prince & qu'on le
flattât ;* & cet enfant devint Henri le Grand ! —
Voyez *l'Hiſtoire d'Henri IV, par Péréſixe.*

» cabanes des payſans , pour voir par
» eux mêmes la ſituation des pauvres ,
» & que par-là ils apprennent à ſe per-
» ſuader que le peuple n'eſt pas riche ,
» quoique l'abondance regne à la cour ,
» & que les dépenſes ſuperflues de celle-
» ci diminuent les biens & augmen-
» tent la miſere du pauvre payſan &
» de ſes enfans affamés. . . . On doit
» également imprimer aux Princes la
» crainte des jugemens divins & du blâme
» de la poſtérité , tandis qu'on les en-
» couragera par les attraits d'une bonne
» conſcience & d'une gloire ſans ta-
» che ».

« La connoiſſance de Dieu eſt le
» premier objet de l'inſtruction qu'on
» doit donner aux Princes & aux Su-
» jets ; il faut que le cœur ſoit conſacré
» à celui qui eſt le maître de l'univers.
» Plus ſon Alteſſe Royale ſera excitée
» à reſpecter l'Etre ſuprême , & plus
» elle reconnoîtra ſon propre néant &

» son égalité avec les autres hommes.
» De cette maniere S. A. R. sera con-
» vaincue que, selon le droit divin &
» celui de la nature, nul homme ne
» naît esclave ; que les Rois naissent
» hommes & non pas Rois ; que leur
» dignité tire sa premiere origine du
» bon plaisir du peuple ; que par con-
» séquent la nation a un droit incon-
» testable de conserver du pouvoir sou-
» verain, & des prérogatives qui y sont
» attachées, telle portion qu'elle juge
» nécessaire pour sa conservation &
» pour l'avantage de la République.
» La religion donne à ces vérités mo-
» rales une force nouvelle, puisqu'on
» peut dire que Dieu, qui est tout-puis-
» sant, ne veut point gouverner avec
» violence, mais sur des volontés libres,
» & que vouloir rendre les hommes
» esclaves, c'est commettre une témé-
» rité envers l'Etre suprême, & exercer
» une tyrannie sur les hommes. S. A. R.
» puisera dans ces deux sources, la re-

» ligion & la morale, un jufte ref-
» pect pour les lois fondamentales du
» royaume. Le Prince verra combien
» il eft néceffaire de régler fur elles
» les devoirs qu'il aura à obferver, &
» il apprendra par ce moyen qu'un Roi
» regne par les lois, & qu'à fon tour
» il obéit aux lois. Chez une nation
» libre la différence des fentimens eft
» inévitable, & le Roi s'en fert utile-
» ment lorfqu'il accorde à tous une
» protection égale ; en ne jugeant per-
» fonne que felon fes œuvres, & en ne
» prononçant fur les œuvres que felon
» les lois. . . . , en inftruifant S. A. R.
» des fciences, on donnera la préfé-
» rence à celles qui contribuent le plus
» à l'avantage & à l'accroiffement du
» Royaume (1).

***

(1) Il eft étonnant que les Etats, en donnant un
plan d'éducation, n'aient pas prefcrit, & avec détail,
outre les études indifpenfables relatives à la religion,
à la morale, à l'hiftoire, l'étude approfondie de la
nouvelle Conftitution, & celles qui ont rapport à la

« Les Etats fouhaitent que S. A. R.
» paffe une partie de l'année à l'Aca-
» démie d'Upfal, & que dans un âge
» plus mûr elle vifite auffi les autres
» académies du royaume, foit afin que
» la jeuneffe du royaume, animée par
» fa préfence, & encouragée par fon
» exemple & fes progrès dans les ver-
» tus & dans les connoiffances, s'ac-

------

politique, à l'art de la guerre, à la marine, aux finances, &c.; études fi néceffaires à un Prince fait
pour régner....! *Un plan d'étude pour les fils de
Rois* feroit un important Ouvrage à faire, & abfolument neuf; car ce plan doit être totalement diffé-
rent de celui qui convient aux autres hommes; & c'eft
une chofe à laquelle on n'a pas réfléchi jufqu'ici. On
voit avec furprife des hommes tels que Boffuet,
Montaufier, Huet, employer pour l'éducation de l'héritier du trône 39 Savans à faire des commentaires fur
les anciens Auteurs latins, & produire ces livres ap-
pelés *Dauphins*, qui forment une énorme lifte d'Auteurs & de volumes, dont la feule étude occuperoit
tout le temps deftiné à l'éducation. Les Etats de Suede
ont omis auffi dans leurs inftructions, de prefcrire les
exercices du corps, qui peuvent développer & aug-
menter fes forces. C'eft une partie bien effentielle de
toute bonne éducation, & dont les Anciens ont feuls
connu l'extrême utilité.

(29)

» coutume à révérer & à aimer celui
» qui eſt deſtiné à la gouverner un jour,
» ſoit pour inſpirer à S. A. R., dès l'âge
» le plus tendre, du goût pour les Scien-
» ces & pour les Académies (1) ».

----

(1) C'eſt ainſi que le Duc d'Enguien (depuis le Grand
Condé), élevé à Bourges, alloit ſoir & matin au
Collége des Jéſuites, & y ſoutenoit des theſes publi-
ques avec les plus brillans ſuccès. Son pere, le Prince
de Condé, fit de ſon éducation ſa principale affaire ;
& ce grand intérêt l'éleva au deſſus des préjugés de
ſon temps. Il ne crut pas qu'il fût indiſpenſable de
donner à ſon fils, pour Gouverneur, un homme de la
Cour : il penſa que les vertus & les lumieres de-
voient ſeules le décider dans un tel choix ; & il chargea
de cet emploi un homme de mérite, nommé M. de la
Bouſſiere. Auſſi ce Prince fut non ſeulement le plus
grand Capitaine, mais l'homme le mieux élevé & le plus
inſtruit de ſon ſiecle : & lorſqu'à dix-neuf ans il fut à
Ruel chez le Cardinal de Richelieu, ce Miniſtre, après
un long entretien avec lui, dit à M. de Chavigni :
« Je viens d'avoir une converſation de deux heures avec
» M. le Duc, ſur la religion, la guerre, la politique,
» les intérêts des Princes, l'adminiſtration d'un Etat ;
» ce ſera certainement le plus grand Capitaine de l'Eu-
» rope, & le premier homme de ſon ſiecle, & peut-
» être des ſiecles à venir, en toutes choſes ». *Voyez*
Hiſtoire du Grand Condé, par M. Deſormeaux. Je

« S'il étoit befoin de changer de Pré-
» cepteurs , M. le Gouverneur en aura
» le pouvoir & l'autorité néceffaire ».

« Les deux autres Princes hérédi-

---

ne prétends affurément pas inférer de cet exemple qu'un
homme de la Cour ne puiffe être un bon Inftituteur :
mais je répete aujourd'hui ce que j'ai dit avec beaucoup
plus de détails il y a neuf ans (dans Adele & Théodore),
qu'il eft étrange que de tout temps on ait pu parvenir,
fans naiffance, aux plus éminentes dignités, & que l'on
n'ait fait une loi contraire & inviolable, que pour la
feule place de Gouverneur des Princes. Quelle premiere leçon à donner au jeune Prince ! C'eft comme fi
on lui difoit (& combien de fois ne l'a-t-on pas dit !)
« Tel homme eft rempli de vertus, de génie, de
» talens, mais il n'a qu'un nom obfcur ; il eft impoffible
» qu'il puiffe être votre Gouverneur..... » ? Quelle
foule d'idées fauffes, puériles, extravagantes, & per-
nicieufes renfermées dans ce peu de mot....! Il eft
vrai qu'en général, dans les éducations des Princes, on
a toujours eu le foin de placer quelques perfonnes fans
naiffance, d'un mérite diftingué : il n'y en a guere où
l'on n'ait vu, par exemple, des gens de lettres très-
recommandables par leurs mœurs & par leurs talens ;
déplorable ufage qui communément affujettit à l'obéif-
fance ceux qui font faits pour commander, & qui rejette
aux dernieres places ceux qui devroient occuper le
premier rang.

» taires ont chacun leurs Précepteurs
» particuliers, qui, sous les yeux &
» sous l'infpection de M. le Gouverneur,
» leur infpireront la crainte de Dieu
» & l'amour de la vertu (1) ».

---

(1) Il eft très-important que les freres du Prince héréditaire foient auffi bien élevés que le Prince aîné ; & l'on ne peut fe diffimuler qu'un Gouverneur occupé d'un feul Eleve réuffira beaucoup mieux que celui qui partage fes foins entre plufieurs. Dans le dernier cas, s'il les fait étudier enfemble, ces études communes feront néceffairement ou au deffus ou au deffous de la capacité d'un ou de deux Eleves ; il n'avancera l'un qu'aux dépens de l'autre. La diverfité des goûts, des caracteres, des efprits, & celle qu'établit feulement entre des enfans la différence d'un an de plus ou de moins, produit à cet égard une foule de difficultés, que l'expérience feule peut faire connoître. Si le Gouverneur fépare les enfans ; alors il eft obligé de fe partager ; & en leur confacrant tous fes momens, il a le regret de ne pouvoir fe donner entierement à aucun d'eux. Nulle éducation ne fera auffi parfaite qu'elle peut l'être, quand les foins du Chef feront ainfi divifés. Ainfi, je penfe que les Rois devroient donner un Gouverneur particulier à chacun de leurs enfans. Ces enfans ne fe réuniroient que dans leurs jeux & leurs promenades ; ils ne fe verroient que pour s'amu-fer, & s'en aimeroient mieux ; & il me femble que

« On ne sauroit assez faire connoître
» que si de grands talens & des connois-
» sances étendues sont des qualités
» brillantes dans un Prince , elles ne
» pourront cependant jamais être com-
» parées à un bon cœur & aux qualités
» qui en dépendent. Les premieres ,
» sans les dernieres , rendroient un
» Prince incapable de se gouverner lui-
» même , & moins propre encore à
» gouverner les autres. Loin d'avancer
» le bonheur du Royaume , ce sont
» plutôt des armes contre le peuple &
» le pays. Par cette raison , il importe
» sur-tout aux Etats que S. A. R. , par
» le secours d'une bonne éducation ,
» devienne un Prince craignant Dieu ,
» pieux , & juste , qui porte dans son
» cœur Dieu & la Patrie , les malheurs
» du particulier opprimé , & la liberté
» bien acquise du peuple ; qu'il redoute

---

l'émulation qui s'établiroit entre les Gouverneurs, ne
pourroit être qu'utile à l'education.

» la

» la vengeance divine & le blâme de
» la poſtérité, & que par conſéquent
» il regarde une bonne conſcience &
» une gloire ſans tache comme le plus
» haut degré de bonheur ». (*Voyez le
même Ouvrage déjà cité.*)

Il eſt remarquable que, dans ces
inſtructions, outre toutes les omiſſions
dont j'ai déjà parlé, on ait encore ou-
blié l'article eſſentiel qui eût fixé le
temps conſacré à l'éducation du Prince.
Cette durée eſt indiquée par la nature
même, qui prolonge juſqu'à vingt ans
le développement des forces phyſiques,
du moins quand rien n'a dû précipiter
la ſage lenteur de ſa marche ordinaire.
Toute éducation qui n'aura pas été entierement finie ſera toujours très - im-
parfaite. A moins de s'être occupé de
cet objet toute ſa vie, on ne ſauroit
concevoir les progrès rapides, ſurpre-
nans, que pourroit faire un jeune homme
de dix-ſept ans (bien élevé depuis ſon

enfance) jufqu'à l'âge de vingt ans. Ces trois années font non feulement pré-cicufes , elles font abfolument nécef-faires à la perfection de l'éducation. C'eft, excepté en France, ce qu'on a fenti dans tous les pays policés. On ne fort communément de l'Univerfité d'Ox-ford qu'à 20 ou 21 ans. En Hollande, la fameufe Académie d'Utrecht , ne fe chargeant que de ceux qui ont fini l'é-tude du latin, ne reçoit que des dif-ciples de 16 ans , & les garde 5 ou 6 ans , &c. Il me femble donc que les enfans des Rois devroient fur-tout refter jufqu'à l'âge de 20 ans entre les mains de leurs Inftituteurs , & qu'il faudroit que le mariage même ne pût les fouf-traire à un joug fi utile pour eux & pour la Patrie , & qu'ils fupporteroient fans peine , fi les Inftituteurs étoient bien choifis. Malgré ces obfervations , on doit convenir que le plan d'éducation donné par les Etats de Suede pour le Prince Royal , contient d'excellens prin-

(35)

cipes. Mais quel a été le réfultat de cette éducation ? . . . Le renverfement total de la conftitution nouvelle. L'Eleve de ce Gouverneur nommé par les Etats eft aujourd'hui un Monarque abfolu. Ah ! j'oferai le dire, ce Prince qui, dans toute fa conduite, a montré une fi profonde connoiffance des hommes, tant d'humanité, des talens fi diftingués, une ame fi fenfible & fi généreufe, n'étoit pas fait pour devenir un defpote, & pour préférer une renommée paffagere. à cette gloire inébranlable & pure, qui n'eft fondée que fur la juftice & fur la vertu. L'hiftoire de ce Prince prouve combien étoient vaines & infuffifantes les précautions prifes par les Etats relativement à fon éducation . . . Oter au Roi le droit de choifir le Gouverneur de fon fils, étoit non feulement une ufurpation odieufe, mais encore une faute très-groffiere en politique. On devoit s'attendre que les inftructions données

par les Etats feroient, dans l'intérieur
du palais, ou contrariées fans ceffe , ou
négligées; qu'un Gouverneur qui n'auroit pas lui-même tracé le plan d'éducation , mettroit peu d'ardeur & d'activité à le fuivre, & que le jeune Prince
pourroit facilement concevoir & nour-
rir l'idée de venger un jour fon pere,
avili par un décret fi folemnel & fi inju-
rieux.

Il eft inconteftable qu'un Roi ne peut
ni ne doit jamais céder les droits facrés
qu'il a fur fes enfans , puifqu'il ne pourroit les abandonner fans renoncer au
plus faint de tous les devoirs, qui lui
prefcrit de veiller fur eux & de diri-
ger leurs Inftituteurs. Enfin le plan
d'éducation ne peut être tracé que fous
fes yeux par le Gouverneur qu'il aura
choifi & nommé. En même temps, il
eft inconteftable auffi que la félicité &
le bonheur des peuples dépendant de
l'éducation bonne ou mauvaife de l'hé-

ritier du Trône, la Nation a le droit de demander que le plan d'éducation lui foit communiqué, & que, durant le cours entier de l'éducation, on lui rende un compte fidele & journalier de tous les détails qui y feront relatifs. Tout eft fecret & myftérieux dans les Gouvernemens defpotiques ; le caprice & la violence agiffent fans plan, ou forment des combinaifons monftrueufes qu'il eft impoffible de produire au grand jour. Le tyran eft invifible, les Miniftres impénétrables, les efclaves attendent & fe taifent. Mais dans les Gouvernemens libres, les intérêts du Roi ne peuvent jamais être féparés de ceux du peuple ; union fainte & néceffaire, qui affure à la fois le bonheur de la Nation, la gloire du Monarque, & la folidité du Trône. C'eft alors que le peuple eft toujours inftruit des deffeins & des entreprifes, & que l'art affreux & méprifable de diffimuler, d'ufurper, n'eft plus honoré du nom de *politique*, parce que la publicité des actions en affurera toujours la droiture. Il n'y a plus de *fecrets d'Etat* ; fi c'eft un mal dans quelques occafions particulieres, combien cet inconvénient n'eft - il pas racheté par le vertueux patriotifme qui forme l'efprit public, par l'eftime de toutes les nations étrangeres, & par le zele & l'amour des fujets pour leur Roi ?

Si une Nation libre a le droit d'exiger un compte public des différentes parties de l'Adminiftration, pourquoi refuferoit-on de lui donner les lumieres qu'elle peut exiger fur l'objet le plus intéreffant pour elle, l'éducation du Prince qui doit la gouverner? ... Il eft vrai qu'aucun peuple jufqu'ici n'a montré ce défir.

Qu'importe fi la demande eft raifonnable, fi cette demande doit produire un grand bien, & peut en même temps offrir aux autres Nations un exemple utile ? Répondra-t-on qu'il eſt impoſſible de mettre en évidence l'éducation particuliere d'un Prince élevé dans l'intérieur de ſon palais? J'oſe aſſurer que rien n'eſt plus facile ; & voici les moyens que je propoſe. 1°. Qu'avant tout , le plan d'éducation , fait avec le plus grand détail , ſoit imprimé & rendu public ; ce qui déjà donnera à la Nation une connoiſſance préliminaire & générale qu'elle n'a jamais eue ſur cet objet. 2°. Que le Gouverneur , auſſi-tôt que le Prince ſera remis entre ſes mains , faſſe un Journal intitulé , *Journal de l'éducation de M. le Dauphin*. Ce Journal , imprimé publiquement , paroîtroit tous les mois , & ſeroit conçu de cette maniere. Le premier numéro préſenteroit le tableau ou plan d'études des journées , l'emploi de toutes les heures , occupations , récréations , promenades , &c. ; plan fixé invariablement pour tous les jours , & détaillé de telle ſorte , que chaque citoyen, en confultant ce tableau, pût favoir à toute heure ce que feroit un enfant fi précieux. Quand les faifons forceroient à changer les heures fixées pour les promenades & pour les études, on annonceroit ces divers changemens. Les feuilles fucceffives inftruiroient du choix des lectures & de la quantité de pages ou de volumes qu'on auroit lus dans l'intervalle d'une feuille à l'autre. Elles rendroient compte encore du progrès dans les études & dans les exercices du corps, de l'accroiffement de la taille & des forces phyfiques, &c. Ces feuilles formeroient douze petits cahiers par an. Mais en outre, il faudroit, au bout de chaque année, que le Gouverneur fit paroître un autre volume de 4 ou 500 pages, qui contiendroit ce qui fuit. Tous les extraits faits pour M. le Dauphin dans le cours de cette année paffée, avec les réflexions critiques & morales fur ces Ouvrages. Secondement, des defcrip-

tions & un compte détaillé des manu-
factures, monumens, & chofes dignes
de remarque qu'auroit pu voir M. le
Dauphin durant cet efpace de temps;
& s'il avoit fait quelques voyages dans
l'intérieur de la France, un Journal
exact de ces voyages. On joindroit à ce
volume un autre volume renfermant les
extraits faits par M. le Dauphin, ainfi
que fes compofitions, ayant en note ou
en marge les critiques, remarques, &
obfervations du Gouverneur. Voilà pour
le public. Mais il feroit à défirer que
le Gouverneur fît encore un autre Journal particulier, qui contiendroit toutes
les fautes & les bonnes actions de fon
Eleve, avec les réprimandes & les réflexions du Gouverneur : & cet Ouvrage qu'on ne feroit point imprimer,
après avoir paffé fous les yeux du Roi
& de la Reine, feroit dépofé entre les
mains d'un Tribunal nommé à cet effet;
de forte que tous ces Ouvrages, tant
publics que particuliers, réunis enfem-

ble, compléteroient le compte le plus exact de l'éducation.

Un Gouverneur doit passer avec son Eleve neuf ou dix heures de la journée ; ainsi , il faut supposer qu'il se fera remplacer chaque jour, en différentes fois, à peu près trois ou quatre heures ; mais celui qui sera chargé de le remplacer fera le Journal de ces intervalles de temps, afin qu'il n'y ait aucune lacune dans l'enfemble du compte rendu.

Jetons maintenant un coup-d'œil rapide sur les avantages inappréciables qui réfulteroient de ce nouvel ordre de chofes. Le Roi & la Reine pourront connoître de la maniere la plus précife, non feulement tous les détails de l'éducation, mais encore fi les leçons morales & les principes donnés à M. le Dauphin doivent véritablement fortifier en lui le goût de la vertu & les fentimens facrés de la nature. Lorfqu'on eft privé du bonheur de pouvoir élever foi-même fes enfans , quel prix ne doit-on pas attacher à un moyen qui doit procurer la connoiffance la plus intime de leurs actions , de leur caractere , & des préceptes qu'ils reçoivent ? Pour le Prince qui feroit élevé ainfi, il auroit certainement ce qui manque à tous les Princes, & fur-tout aux fils des Rois , une émulation continuelle, infpirée par l'ambition la plus noble & la plus louable, celle de mériter & d'obtenir l'eftime publique. Placé, pour ainfi dire, dans tous les momens de fa vie, fous les yeux 'de la Nation , il apprendroit, dès fon enfance , à la regarder comme un juge refpectable de fes actions & de fa conduite, & le fuffrage du peuple deviendroit pour lui la plus glorieufe des récompenfes. Le compte public que l'on rendroit de fes progrès dans les fciences & dans les exercices du corps redoubleroit fon activité. L'amour - propre l'engageroit à lire & à écouter les lectures avec attention, afin de faire de bons extraits. Il réfléchiroit en compofant ; enfin il auroit un grand but dans fes études : & alors les études feront toujours véritablement utiles. Le Journal particulier de fes fautes & de fes bonnes actions formeroit également fon cœur & fon efprit. Les feules réprimandes faites de vive voix, au moment de la faute commife, ont peu d'efficacité, ou même ne produifent qu'un effet contraire à celui que l'Inftituteur fe propofe. Trop fouvent, dans les premiers mouvemens, l'humeur & la vivacité fe mêlent aux leçons, & prefque toujours l'inftant où l'on vient d'avoir un tort, eft celui où l'on eft le moins difpofé à le fentir. Mais les leçons qu'on écrit font toujours fages, parce qu'elles font toujours réfléchies. Rien de ce qui peut les rendre frappantes n'y eft omis ; on ne fe contente pas de les faire une feule fois, on peut les graver dans la tête de fon Eleve.

D'ailleurs il fait qu'un pere, qu'une mere liront tous ces détails ; que chaque matin la feuille de la veille doit paffer fous leurs yeux, & qu'ils trouveront dans ce regiftre fidele des motifs d'efpérance & de joie, ou des fujets d'inquiétude & de douleur. Combien cette feule idée auroit de pouvoir fur une ame fenfible ! Enfin le jeune Prince fait encore que ce Journal, dépofé dans un Tribunal, fubfiftera toujours, & ne pourra manquer de paffer à la poftérité.... D'un autre côté, la Nation, inftruite des détails d'une éducation fi intéreffante, lifant avec avidité & la plus tendre reconnoiffance les Journaux faits pour elle, s'attacheroit avec paffion au jeune Prince qu'elle verroit croître & fe former pour perpétuer fon bonheur. A l'égard du Gouverneur, on fent facilement que s'il avoit du mérite, cette nouvelle méthode lui donneroit fur fon Eleve un pouvoir & un afcendant que jufqu'ici nul Inftituteur n'a pu avoir, &

que fes travaux , connus & appréciés ,
le maintiendroient dans fa place , malgré tous les vains efforts de l'intrigue &
de l'envie. Tout homme capable de fe
dévouer fans réferve aux devoirs d'un
grand emploi, doit défirer paffionné-
ment que fon adminiftration foit éclairée , & , s'il eft poffible, jufques dans
les moindres détails. La vertu cherche
la lumiere, parce qu'elle fait que le
grand jour peut feul la rendre éclatante
& véritablement utiie ; elle s'y dérobe
pour ces actions particulieres, d'autant
plus touchantes , qu'elles ne font point
obligatoires ; d'autant plus pures, qu'elles font cachées : mais dans l'accom-
pliffement de fes devoirs, elle défire,
elle appelle des témoins ; on attend d'elle
de grands exemples.

Dans une éducation telle que je viens
de la détailler, la place de Gouverneur
deviendroit la plus honorable & la premiere de l'Etat. Il feroit même glorieux

d'y prétendre, puisque fans la droiture
la plus parfaite, on ne pourroit ni la défirer ni l'accepter. Mais quel prix n'au-
roit-elle pas aux yeux de l'homme digne
de l'occuper ! Tous les principes reçus,
employés néceffairement par tous les
Infituteurs, auroient, dans fa pofition,
mille fois plus de force & d'utilité que
dans toute autre éducation ; & cette
même pofition lui procureroit en outre
une infinité de moyens nouveaux, inconnus jufqu'alors. Nul Eleve ne pourroit avoir autant d'émulation que le
fien, & un intérêt auffi preffant, auffi
continuel de profiter des foins & des
leçons de fes maîtres. Si ce Gouverneur
aimoit la Patrie & la gloire, avec quel
courage infatigable ne fe dévoueroit-il
pas tout entier à des travaux fi nobles,
& qui feroient payés chaque jour par
l'applaudiffement & la reconnoiffance
publique ? Avec quelle ardeur ne paffe-
roit-il pas une partie des nuits à tracer
les infructions & les réflexions morales,

qui , des mains de fon Eleve , pafferoient dans celles de tous les citoyens de la France , & qui , fe répandant enfuite dans l'Europe entiere , iroient peut-être éclairer d'autres Inftituteurs de Princes'? Croit - on qu'avec de telles idées il lui fût poffible de hafarder dans fes écrits un principe douteux ? . . . Enfin fi (ce qu'on ne doit pas prévoir dans une éducation parfaitement conduite) ce Gouverneur ne trouvoit dans fon Eleve ni application ni docilité, il auroit le plus puiffant motif de confolation ; on connoîtroit fes facrifices , fes travaux , fes talens , & fa juftification feroit toute entiere dans fes Ouvrages. Mais fi le fuccès répondoit à fes foins (& de tels foins l'obtiendront toujours), quelle gloire pourroit être plus pure & plus brillante que la fienne ? Quels hommages , quels témoignages éclatans de reconnoiffance & d'amour ne recevroit-il pas de la Nation la plus éclairée, la plus fenfible, & la plus généreufe ! Et

quel

(49)

quel exemple pour les autres peuples ! ...
Que l'on fonge encore à la prodigieufe
influence qu'auroient en France, fur
l'éducation en général, ces Ouvrages
imprimés, faits par M. le Dauphin, ou
pour lui. Cette méthode, fi falutaire,
d'écrire des Journaux d'éducation, fcru-
puleufement détaillés, s'établiroit dans
toutes les familles, & ces précieux
manufcrits, confervés avec foin, rem-
placeroient les archives de la vanité,
devenues heureufement inutiles aujour-
d'hui. On puiferoit dans ces annales
domeftiques la plus profonde connoiffance du cœur humain ; & lorfque le
temps auroit fourni plufieurs exemples,
on fauroit, avec précifion, jufqu'à quel
point l'éducation peut réformer le caractere, élever l'ame & l'efprit, & perfectionner la nature. J'avoue que s'il
exiftoit un feul Journal (fait avec fidé-
lité) de l'éducation d'un homme qui
feroit depuis vingt ans dans le monde,

D

& dont je connoîtrois les principes,
les mœurs, & la conduite, cet Ouvrage me paroîtroit le plus intéreſſant
& le plus inſtructif qu'on pût lire. Il
eſt ſurprenant qu'une idée ſi ſimple ſoit
une idée abſolument nouvelle. On a,
dans tous les temps, exigé d'un homme
d'affaires, d'un Intendant, des *comptes*
minutieuſement détaillés ; & jamais un
pere de famille n'a demandé à l'Inſtituteur qu'il a choiſi, *un compte journalier*
qui pût lui faire connoître le caractere,
l'eſprit, les défauts, les vertus, & les
inclinations naturelles de ſes enfans.....
Car ce compte, rendu verbalement,
eſt toujours vague, inexact, ſuperficiel,
ne peint rien, & laiſſe à peine quelques
notions confuſes ſur un objet qu'il ſeroit
ſi important d'approfondir...

Quant à cette idée appliquée à l'é-
ducation de M. le Dauphin, avec l'ex-
tenſion que je propoſe, c'eſt-à-dire,

(51)

la publicité d'une partie des Journaux,
ce projet n'eft praticable que depuis
la révolution; il falloit la liberté de
la preffe, pour qu'il pût être véritablement utile, afin que s'il échappe au
Gouverneur une phrafe équivoque, un
principe fufceptible d'une interpréta-
tion dangereufe, il foit poffible de le
relever, & d'obliger l'Auteur à s'ex-
pliquer mieux. On dira peut-être que
cette liberté de la preffe expofera le
Gouverneur à des *défagrémens*, à des
*outrages qui aviliroient fa perfonne &
fon emploi :* c'étoit ainfi du moins que
l'on eût raifonné il y a dix-huit mois, &
j'avoue qu'alors cette objection auroit
été d'une grande force dans l'opinion
générale; mais nous avons vu finir le
14 juillet 1789, le fiecle des préjugés
nuifibles & ridicules (1); depuis cette

____

(1) En effet, il n'en exiftera plus quand nous ver-
rons anéanti le plus affreux de tous, celui qui autorife
les duels. En attendant, la Nation devroit accorder
une couronne civique au vertueux Citoyen qui vient de

époque à jamais mémorable, on a ceſſé de confondre la fauſſe dignité, toujours ſi déraiſonnablement enorgueillie ou bleſſée, avec la véritable élévation d'ame, qui ſait préſerver de l'enivrement & des petiteſſes de la vanité.

Dans le temps où les hommes en place (même avec une conduite pure) auroient cru s'abaiſſer en ſoumettant leur adminiſtration à la cenſure du public, un grand Miniſtre eut le courage & la vertu de donner un exemple ſublime alors, en prenant la nation pour juge de ſes travaux (1); des ennemis acharnés & nombreux, le déchaînement de la haîne, les noirceurs de l'envie, les calomnies & les libelles n'ont pu obſcurcir la gloire de cette action;

---

préparer ce triomphe de la raiſon & de l'humanité, par l'excellent Ouvrage qui a pour titre : *Adreſſe de . . . à M. D . . . . Députe à l'Aſſemblée Nationale ſur ſon duel.* (Par M. Grouvel).

(1) Le Compte rendu de l'état des finances.

ainfi, comment pourroit-on craindre que
la dignité d'un Inftituteur pût être
compromife par la publication des leçons qu'il donneroit à fon Eleve? D'ailleurs le Gouverneur de M. le Dauphin
ne pourra, dans fa fituation, exciter
cette haîne envenimée qu'infpire un
Miniftre des finances, forcé de faire
des réformes aufteres, de diminuer des
penfions, de fupprimer des places, &c.;
enfin les inftructions d'un Inftituteur
fage & vertueux ne donnent aucune
prife à la cenfure, s'il les puife, comme
il le doit, dans la religion & dans la
Conftitution nouvelle. Quant aux critiques faites de mauvaife foi, aux fa-
tires, aux libelles, je ne fuppofe pas
qu'un homme raifonnable puiffe en être
affecté : le mépris public attaché à ce
genre d'infulte, en venge affez, s'il
eft poffible de défirer à cet égard une
vengeance.

Je prévois encore une autre objection qui ne me paroît pas plus folide. On pourra dire que le compte rendu des progrès de M. le Dauphin fera exagéré; que les extraits donnés fous fon nom feront retouchés par fon Inftitutaur; que le Journal particulier de fes bonnes actions & de fes fautes, fait pour être dépofé dans un tribunal nommé à cet effet, fera infidele, &c. Mais comment imaginer qu'un Gouverneur, qu'un honnête homme ofât ainfi donner à fon Eleve l'abominable exemple de la flatterie & du menfonge ? Il n'y a que trop d'Inftituteurs négligens; mais il y en auroit bien peu, même parmi les moins eftimables, qui fuffent capables de cette perverfité. Il me femble feulement qu'il eft néceffaire que le Gouverneur, dans le premier numéro de fes feuilles, prenne avec le public l'engagement formel de lui donner, fans aucune correction, les compofitions de M. le Dauphin; car pour le refte des Journaux, il eft impoffible de croire

(55)

qu'un homme jugé digne d'une telle
place, & s'y dévouant entierement,
veuille à la fois trahir la confiance du
Roi, tromper une nation clairvoyante,
& corrompre fon Eleve. Il y a plus; c'eft
que dans la fituation où je le fuppofe, il
n'auroit aucun intérêt à mentir, & à faire
valoir, aux dépens de la vérité, l'efprit &
les difpofitions naturelles de fon Eleve :
moins cet Eleve feroit brillant, & plus
il auroit de gloire à le former. Il di-
minueroit le prix de fes travaux, en
lui prêtant des qualités imaginaires :
& pouvant montrer dans fes Journaux,
& fon dévouement fans bornes, & tous
fes talens, il feroit impoffible que
l'amour-propre lui infpirât jamais la
tentation de déguifer la vérité.

Telles font mes idées fur l'éducation
de M. le Dauphin; j'ai penfé que dans
ce moment elles pouvoient être de
quelque utilité; je les ai méditées
mûrement; elles font le fruit d'une

heureufe & longue expérience, & elles
m'ont été infpirées par des fentimens
profondément gravés dans mon cœur,
l'amour de la patrie & mon attachement
inviolable pour mon Roi & pour la
Conftitution nouvelle.

DE L'ADOPTION considérée comme la loi la plus utile que l'on puisse rétablir, pour épurer les mœurs & perfectionner l'éducation.

CHEZ toutes les Nations & dans tous les siecles les grands Législateurs ont compris que les bonnes mœurs doivent être le fruit le plus précieux d'une bonne constitution ; aussi se font-ils particulierement occupés des moyens de perfectionner l'éducation publique, & d'offrir à la jeunesse des objets d'ambition capables de la conduire dans les routes de la vertu, & de l'y fixer par la réunion du sentiment qui nous y porte, des principes qui en démontrent la sûreté, & de l'intérêt personnel envisageant un prix satisfaisant & glorieux. Les anciens trouvoient dans l'adoption

ces divers avantages. Les parens foi-
gnoient l'éducation de leurs enfans ; ils
y veilloient eux-mêmes avec une active
vigilance ; l'espoir de procurer à son
fils une heureuse adoption, augmentoit
le zele d'un bon pere , ou suppléoit à
la tendresse dans les ames glacées, que
l'ambition seule peut émouvoir. Ce
même espoir donnoit aux jeunes gens
une émulation qui les soutenoit dans
leurs études, & qui leur inspiroit un vif
désir de se distinguer & d'acquérir le
mérite , les vertus, & la réputation qui
pouvoient les conduire à ce but. Ces
puissans motifs d'une noble ambition
concoururent à former les grandes ames
de Scipion , de Marc-Aurele , de Tra-
jan , & l'Univers dut à l'adoption de ces
deux Empereurs , quarante ans de gloire
& de félicité.

Dans l'état actuel de la société , la
dissipation du monde & nos mœurs rendent presqu'inutile à l'homme le plus

fage, l'ufage de fa raifon dans le choix important de fes affections. Si, dans fa jeuneffe, ce n'eft pas l'autorité pater-nelle qui le dirige, il eft entraîné par de frivoles convenances, ou féduit par fes paffions; mille caufes fecondaires femblent fe réunir pour le rendre mal-heureux, en l'égarant dans tous fes choix. Il n'en feroit pas ainfi du fenti-ment qui pourroit porter à choifir un enfant d'adoption; on ne s'y décideroit que dans l'âge de la fageffe & de l'ex-périence; on feroit guidé dans ce choix par l'amour-propre & la raifon, qui, réunis enfemble, donnent tant de péné-tration & de lumieres. On voudroit trouver l'appui de fa vieilleffe, le fou-tien de fon nom, l'héritier de fa for-tune; l'importance & le touchant intérêt de la recherche garantiroient la juftice de la préférence. Il eft poffible d'aimer fon enfant, même lorfqu'il eft vicieux; ç'eft fur-tout dans un cœur paternel que la prévention peut être entiere & l'indulgence fans bornes. Mais quel eft l'homme, même fans principes, qui n'exigeroit pas de celui qu'il voudroit adopter, une vie fans tache & une réputation irréprochable ? L'adoption eft un engagement d'autant plus refpectable, que l'affection qui en forme le nœud ne peut être fondée que fur la vertu ; elle met le bienfaiteur à l'abri de l'ingratitude, par les motifs qui ont dû néceffairement déterminer fon choix, par l'éclat & la publicité de fes dons, par le caractere augufte qu'elle imprime & les devoirs facrés qu'elle impofe. Il eft certain qu'en aboliffant les vœux & en fupprimant les couvens de Religieufes, on vient d'enlever à la beauté indigente des afiles paifibles & d'honorables reffources ; mais la loi de l'adoption remédieroit à cet inconvénient, & d'une maniere d'autant plus utile, qu'au lieu d'exiger un facrifice pénible, elle offriroit à la vertu malheureufe, ou l'efpoir le plus confolant, ou la plus douce des récompenfes.

L'adoption introduite dans les Gaules avec les Romains , y fubfifta long-temps ; le pere adoptif armoit d'une hache l'enfant qu'il fe donnoit; c'eft ainfi que Gontran adopta Childebert. Suivant les capitulaires de Charlemagne , l'adoption étoit permife , & fe faifoit par la donation de fes biens , avec réferve d'ufufruit, en préfence du Roi , du Comte , & des Echevins (1). La loi de l'adoption ne peut fubfifter parmi le peuple , qu'autant que cette claffe intéreffante jouit de l'aifance & du bonheur que fes utiles travaux doivent lui procurer. Les peuples chargés d'impôts , loin d'adopter des enfans , gémif-

---

(1) Je dois à une perfonne auffi inftruite qu'éclairée (M. Monot) , ces détails hiftoriques fur l'adoption. Sachant que je travaillois fur ce fujet , il a bien voulu me les envoyer, ainfi que les détails relatifs aux hôpitaux de Lyon , &c. , qu'on trouvera ci-après. M. Monot verra fans doute avec étonnement fon nom dans cette note ; mais il m'a toujours paru impoffible d'inférer dans fes Ouvrages les recherches d'un autre , fans déclarer de qui on les tient.

fent à la naiffance de ceux que leur
donne la nature. Un des plus odieux
effets du defpotifme eft de bouleverfer
l'ordre naturel des chofes, de faire fer-
vir au malheur de l'homme ce qui devroit affurer fa félicité, de lui rendre
pénibles les noms d'époux & de pere,
& de changer en fujets de crainte & de
défefpoir les bienfaits de la nature &
les plus heureux fruits des inftitutions
humaines. Auffi, fous les fucceffeurs de
Charlemagne, le peuple opprimé laiffa
tomber en défuétude la loi de l'adoption, qui fubfifta affez long-temps parmi
les Souverains & les grands Seigneurs.
On trouve encore dans plufieurs Pro-
vinces du Royaume, telles que la Sain-
tonge, le Berri, le Bourbonnois, le
Nivernois, quelques traces d'adoption,
fous le nom d'*affiliation*. Les deux hôpitaux de Lyon, l'Hôtel - Dieu & la
Charité ont été maintenus par lettres
patentes dans le droit d'adopter les
orphelins qui font reçus dans ces mai-

ſons; mais ce droit n'eſt qu'un moyen d'acquérir; l'adoption n'a lieu que juſqu'à la majorité des enfans, & l'hôpital ſuccede à ceux qui meurent avant vingt-cinq ans. Ainſi, cet exemple n'offre que l'abus, ou plutôt le renverſement le plus abſurde d'une loi bienfaiſante, puiſque le pere adoptif dépouille éventuellement l'enfant qu'il adopte, & renonce au titre de pere, en perdant l'eſpérance du gain. L'adoption a été totalement bannie de France par la barbarie des coutumes & les réſerves coutumieres; la nouvelle Conſtitution, en annullant cette multitude de petites lois locales, ôte le ſeul obſtacle qui pouvoit empêcher peut-être le rétabliſſement de l'adoption.

Je n'entreprendrai point d'entrer dans le détails des réglemens relatifs à l'adoption; j'ai cru devoir offrir l'idée ſuperficielle d'un projet qui me paroît utile; mais je laiſſe à des eſprits plus éclairés

le foin d'indiquer les moyens & de tracer le plan. Je me bornerai à préfenter
fur cet intéreffant fujet quelques réflexions qui termineront ce mémoire.

Un décret folemnel vient de détruire
la nobleffe, d'anéantir des titres faf-
tueux & des diftinctions à la fois injuftes, puériles, & ridicules.

L'organe augufte & facré de la religion, de la raifon, & de l'humanité,
cette voix que l'orgueil refufe en vain
d'écouter & qu'il ne peut méconnoître,
la vérité, a répété dans tous les fiecles :
« Tous les hommes font freres ; il
» n'exifte qu'une feule inégalité parmi
» eux, celle que peuvent établir les
» dons de la nature & les bienfaits de
» l'éducation. Les diftinctions & les
» hommages ne font dus qu'aux vertus
» & aux talens ; il eft fervile de les ac-
» corder fans les droits qui les juftifient ;
» il eft ftupide d'en jouir avec orgueil,
» fans

» fans avoir fait des actions éclatantes
» ou du moins utiles ».

Ces principes éternels, puifés dans
la nature, n'ont jamais été conteftés,
mais on les admettoit fans les fuivre ;
enfin une loi la plus équitable que la
fageffe humaine ait jamais établie, vient
de prefcrire ce que la religion & la véritable philofophie ont inutilement en-
feigné depuis tant de fiecles dans les
temples & dans les écoles ! La raifon
applaudit, fon vœu le plus cher eft
exaucé ; mais la vanité murmure & fe
plaindra long-temps encore en fe fou-
mettant à l'extérieur. Il y a beaucoup
de gens qui ne croiront pas facilement
qu'*un homme du peuple*, un homme
dont les aïeux font inconnus, puiffe être
leur égal. Pour guérir d'un préjugé &
pour faire perdre une ancienne & longue
habitude, il faut un efprit fupérieur ou
des exemples multipliés , capables de
frapper l'imagination & d'affoiblir l'idée

qui la domine ; l'adoption , dans ce cas, auroit cet avantage. Ceux des anciens Nobles qui révèrent & chériſſent la nouvelle Conſtitution , s'ils vouloient adopter des enfans, les choiſiroient certainement *ſans égard à la claſſe.* Un Citoyen portant un nom jadis illuſtre , pourroit le donner au fils d'un Artiſte ou d'un Négociant , s'il avoit du mérite ; ces exemples auroient une extrême influence ſur l'opinion : le décret de l'Aſſemblée Nationale n'obtiendra que l'obéiſſance ; la loi de l'adoption détruiroit le préjugé. Ces nouvelles alliances avec le peuple formeroient des liens touchans & ſacrés , qui réuniroient & confondroient véritablement tous les états ; effet précieux , ineſtimable, & que n'a jamais produit le mariage, malgré la ſainteté de ſes engagemens, parce qu'il n'étoit, dans ce cas (du moins en général), que le fruit des calculs odieux de l'orgueil & de la cupidité ; qu'un triſte marché qui, des deux côtés, impofoit de pénibles facrifices, fans laiffer efpérer le doux tribut de la reconnoif-fance, & qui entraînoit à fa fuite le dégoût & les regrets qui doivent naître du bizarre affemblage de l'avarice & de la vanité. Enfin le grand Seigneur qui fe décidoit à prendre une époufe dans la claffe plébéïenne, s'adreffoit à la plus riche ; celui qui voudroit y trouver un fils, ne feroit certainement déterminé dans fon choix que par le mérite per-fonnel.

Après avoir développé rapidement une partie des avantages qui naîtroient du rétabliffement de cette loi, je pré-fenterai quelques idées relatives à fes réglemens.

1°. Il paroît jufte & néceffaire qu'un homme marié ne puiffe adopter un en-fant qu'avec le confentement de fa femme.

2°. On croit qu'il ne doit être permis d'adopter un enfant, en lui affurant tout fon bien, ou du moins la plus grande partie de fa fortune, que dans le cas où l'on n'auroit ni enfans, ni petits-enfans ; il ne faut pas qu'une loi puiffe donner les moyens de facrifier la nature à la vanité, & qu'un homme ait la poffibilité de perpétuer fon nom en dés-héritant fes filles (1) ; à moins cependant que la conduite de fes filles ne fût déshonorante, ou qu'elles ne fuffent convaincues de mauvais procédés & d'ingratitude à fon égard. Dans ce cas, la loi puniroit les coupables, confoleroit l'infortuné, & feroit un frein redoutable pour tous les enfans mal nés qui ont befoin d'exemples frappans & de leçons, pour fuivre leurs devoirs.

3°. On croit encore qu'il doit être permis, quelque nombre d'enfans que

____

(1) Car l'extinction de la Nobleffe ne déracinera pas cette efpece de vanité, puifqu'on l'a toujours vue dans tous les états.

l'on puiſſe avoir , d'adopter une fille
de plus (1) , en ne lui aſſurant qu'une
penſion viagere. On pourra fixer la valeur de cette penſion ; quelque modique
qu'elle fût , ce feroit toujours un bien-
fait inappréciable pour celle qui la re-
cevroit fous cette forme. Quel bonheur
pour une ame fenfible de pouvoir , fans
nuire à la fortune de fes enfans, en acquérir un de plus ! de donner à la fois
à une jeune perfonne intéreſſante &
malheureuſe, une famille , une éducation maternelle, & une exiſtence agréa-
ble dans la fociété ! de la fouſtraire ainſi
pour jamais à tous les dangers qui entourent l'innocence fans appui , & la
jeuneſſe & la beauté dans l'indigence ;
de l'unir à tout ce qu'on aime , de lui
aſſurer , par un contrat facré , la ten-
dreſſe & la protection des objets qu'on

---

(1) Je dis une fille , parce que , fur - tout depuis la
fuppreſſion des couvens , le fort d'une jeune orpheline
fans fortune eſt mille fois plus intéreſſant & plus à plain-
dre que celui d'un jeune homme dans la même fituation.

chérit le plus ; enfin de lui offrir, par la nature du don même, le souvenir continuel de tout ce qu'on a fait pour elle, puisqu'on ne pourroit prononcer son nom sans lui rappeler le plus touchant de tous les bienfaits, & sans se retracer à soi même une action également vertueuse & satisfaisante. Pourroit-on limiter & circonscrire une loi qui présente des résultats si utiles, si bienfaisans, & qui peut procurer des jouissances si douces & si pures (1) ?

4.°. Suivant les lois romaines, un tu-

____

(1) On n'imagine pas combien cette loi seroit utile dans la classe des Marchands. Elle réformeroit ou perfectionneroit les mœurs des jeunes gens qui pourroient avoir l'espoir d'être adoptés par leurs maîtres ; d'ailleurs il est très-commun de voir une veuve de Marchand se remarier à 50 & même 60 ans au premier garçon de boutique, uniquement parce qu'il entend le négoce & qu'elle n'a pas d'autre moyen de l'attacher à ses intérêts d'une maniere intime ; ce qui produit des mariages aussi malheureux que mal assortis. Au lieu que l'adoption assureroit du même zele & d'une reconnoissance infiniment plus tendre & beaucoup mieux fondée ?

teur ne pouvoit adopter fon pupille
avant fa majorité, afin que l'adoption
ne le difpensât pas du compte de tutelle.
Ce réglement paroît très-fage ; il y en a
beaucoup d'autres à faire dans ce genre ,
pour éviter que le pere adoptif, ufur-
pateur de ce titre augufte, ne puiffe,
contre l'efprit de la loi, fubftituer les
calculs d'un intérêt fordide , aux vues
utiles & nobles d'une bienfaifance
éclairée.

5°. Enfin on penfe que la feule condition que l'on doive impofer à l'adopté,
eft celle de prouver juridiquement fa
naiffance, c'eft-à-dire , qu'il eft iffu de
parens unis par des nœuds légitimes ; on
fent affez combien ce réglement eft néceffaire pour prévenir des abus & des
défordres qui feroient également fu-
neftes à la fociété & aux mœurs.

Maintenant je n'ajouterai plus qu'une
feule remarque : c'eft qu'il femble que
le rétabliffement de l'adoption doive

être un des fruits & le résultat néceſſaire
de la liberté qui nous eſt rendue : il feroit étrange que nous fuſſions privés
d'un droit que le deſpotiſme le plus abfolu n'a pas cru devoir interdire à des
efclaves, puiſque l'adoption eſt établie
en Turquie ; & il feroit aſſurément con-
tradictoire d'avoir la poſſibilité de dif-
pofer à fon gré de fa fortune, & de ne
pouvoir donner fon nom, c'eſt-à-dire,
la feule chofe de tout ce qu'on poſſede
qui n'ait eu jadis qu'une valeur idéale,
& qui n'en ait plus aucune aujourd'hui :
l'orgueil infpiré par le rang & la naiſ-
fance pourroit feul s'oppofer au rétabliſſement de l'adoption ; mais comment
le craindre à cette époque mémorable,
où l'homme réintégré dans fes droits &
reprenant toute fa dignité, ne voit plus
autour de lui que fes égaux ?

———————————————